SIÈGE DE PARIS 1870-71

Souvenirs intimes rétrospectifs

DOCUMENTS

Relatifs à la défense des forts de l'Est

Par L. AUBOURG

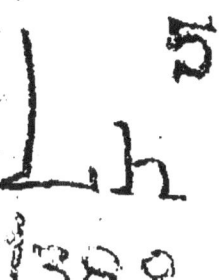

PRÉAMBULE

J'ai l'honneur de présenter au lecteur le récit sincère des événements de guerre qui se sont passés dans l'Est de Paris en 1870-71, et particulièrement ceux afférents au groupe des fortifications qui avait pour centre de commandement le fort de Noisy-le-Sec, placé sous les ordres du vice-amiral Saisset.

J'ai tâché de ne rien omettre ; les difficultés de séjour des populations suburbaines, la valeur et l'entrain des troupes de toutes armes qui ont concouru à la défense de ce secteur extérieur, ainsi que les quelques fautes commises ; tout a été noté et impartialement exposé.

J'ai tout relaté, jusques et y compris le moment de la reddition, le retour des troupes dans la capitale et leur manière d'être dans les casernements à elles affectés.

Fasse le ciel que de tels événements soient pour jamais épargnés à notre chère Patrie, et qu'elle puisse cueillir, au sein d'une paix durable, les enviables lauriers qu'aucune rivalité jalouse ne saurait lui contester dans les sciences, les arts et l'industrie !.....

L. AUBOURG.

PREMIÈRE PARTIE

I.

Appréciation générale sur la guerre. Eta-des esprits sur le Vaisseau école de canonnage le *Louis XIV*.

La guerre venait d'être déclarée entre la France et la Prusse. J'étais à cette époque embarqué sur le vaisseau école de canonnage le *Louis XIV* en qualité de sergent fourrier et chargé de la deuxième compagnie de canonniers.

Chacun de nous faisait des vœux pour le succès de nos armes ; la plupart prédisaient un succès complet.

Je n'étais pas sur ce dernier point complètement de leur avis (1).

Je connaissais la merveilleuse or-

---

(1) Etant sous-officier au 41ᵉ de ligne, j'avais tenu les garnisons de Bitche et de Thionville et parcouru une bonne partie de la Lorraine et de l'Alsace.

A Thionville, les quelques leçons de fortification reçues d'un officier distingué et le contact avec plusieurs sous-officiers prussiens qui m'avaient entretenu du recrutement de leur armée, dires confirmés par la lecture de plusieurs ouvrages d'actualité émanant d'hommes compétents, confirmèrent en moi *certains doutes*, surtout, lorsque je vis, au moment des préparatifs de guerre en 1866, (affaire du Luxembourg) sortir des arsenaux, pour être mis en batterie, de nombreux canons démodés, dont plusieurs aux armes de Louis XIV et de Louis XV, ainsi que leurs projectiles décalibrés.

Il est plus que probable, qu'en 1870, les moyens de défense furent les mêmes dans cette place, surtout en ce qui concerne les pièces de siège.

ganisation de l'armée prussienne, sa discipline et la facilité avec laquelle on augmente son effectif au moyen de différents bans appelés au fur et à mesure que les circonstances l'exigent.

De notre côté, l'effectif réel de nos troupes était loin de répondre au chiffre annoncé.

L'indiscipline n'avait point encore pénétré dans nos rangs, mais l'esprit de corps avait, depuis longtemps, cessé d'exister par suite de diverses mesures prises mal à propos, et d'un certain esprit de lassitude dont les premières traces s'étaient manifestées peu de temps après la guerre de 1859.

J'étais, dis-je, sur le *Louis XIV*, en station aux îles d'Hyères. Le grand mât, dans la batterie, était tout couvert de proclamations et d'ordres du jour adressés aux troupes et aux populations. L'équipage se plaisait à lire les détails des premiers combats, la rencontre et la défaite de la fameuse patrouille bavaroise, etc., etc....

Un soir, le branle-bas étant fait, les matelots après avoir pendu leurs hamacs aux crocs dans les batteries, se trouvaient réunis sur le pont et dansaient au son de la musique du bord, lorsque le commandant, M. Krantz, (1) capitaine de vaisseau, d'origine alsacienne, se présenta sur la dunette, fit interrompre les jeux, masser l'équipage sur l'arrière et prononça un discours à peu près conçu en ces termes :

---

(1) A été depuis chef du cabinet du Ministre, puis a obtenu successivement les grades de contre-amiral et de vice-amiral pendant lesquels il a été deux fois préfet maritime, puis commandant de l'escadre d'évolutions et Ministre de la Marine.

DISCOURS DU COMMANDANT KRANTZ

« Equipage »

« Je viens de recevoir à l'instant
« une dépêche m'annonçant une ter-
« rible nouvelle. L'ennemi vient d'en-
« vahir notre territoire près For-
« bach et a souillé par sa présence le
« sol sacré de notre chère patrie.
« Soyez persuadés qu'à cette heure il
« a reçu la terrible leçon qu'il cher-
« chait. Nous sommes prêts, nous
« sommes courageux, nous n'avons
« donc aucun Sadowa à redouter. »
« A cette époque, les Autrichiens
« faillirent avoir la victoire ; s'ils
« avaient été prêts et mieux comman-
« dés, c'en était fait de la Prusse,
« mais, ce que l'Autriche n'a pu faire,
« nous le ferons, car nous sommes
« Français et eux n'étaient que des
« Autrichiens. »

« Ainsi donc, mes bons amis, plus
« de divisions entre nous ; n'ayons
« tous qu'un même cœur et qu'une
« même âme. »

« Si quelqu'un d'entre vous, se
« plaisant à contrecarrer la bonne
« opinion que nous avons de nos
« soldats et de leurs chefs, mettait
« en doute la victoire, qu'il le garde
« pour lui et ne jette pas l'inquié-
« tude dans l'esprit de ses cama-
« rades, car je le punirais sévère-
« ment. »

« Que les apprentis canonniers
« travaillent avec zèle afin de con-
« naître promptement les détails
« d'un métier qui est actuellement
« si nécessaire. »

« Auparavant de reprendre vos
« jeux, portons ensemble un toast à
« la France et à la brave armée
« chargée de la défendre. »

« Vive la France, Vive l'armée. »
Ce discours étant terminé, l'équi-

page, après avoir poussé trois hurrahs frénétiques, reprit ses jeux, mais on voyait que l'inquiétude était dans les esprits. On apprit bientôt que cette fameuse pointe se réduisait aux minimes proportions d'une reconnaissance de quelques hulans.

II.

Visite à bord d'un capitaine d'artillerie de l'armée du Rhin.

Sur ces entrefaites, nous reçûmes la visite d'un capitaine d'artillerie de terre provenant d'un des corps de l'armée du Rhin et que le maréchal Le Bœuf envoyait en mission auprès du commandant afin d'étudier les canons de dix-neuf centimètres marine se chargeant par la culasse. Ces pièces, disait-il, devaient servir au futur siège de Mayence. Nos généraux vendaient la peau de l'ours avant de l'avoir tué.

Cet officier, du reste très distingué, se mit promptement au courant de leur manœuvre et choisit même quelques sous-officiers qui devaient participer à leur installation. Il était porteur de la fameuse dépêche annonçant la prise de Sarrebruck et mentionnant le courage que le jeune Louis avait déployé dans cette affaire.

III

Aspect militaire de Toulon.

Enfin le samedi étant arrivé, j'obtins la permission d'aller passer à Toulon la journée du dimanche. J'étais heureux de pouvoir jouir de cette faveur afin de mieux interpréter les graves événements qui se passaient.

Mon voyage se fit agréablement jusqu'à La Valette, petit bourg situé à quelques kilomètres de Toulon. Là, j'appris notre première défaite. J'éprouvai alors une poignante émotion et le reste de ma route se fit tristement.

En arrivant à Toulon, je vis, campées sur le champ de Mars et sur les glacis des fortifications, des troupes arrivées récemment d'Afrique. Les rues de la ville étaient remplies de marins et de soldats de toutes armes. Le nombre en était si grand que l'élément civil était absorbé par leur présence. Je pensai qu'il en était de même dans toutes les villes et qu'avec un peu plus de diligence tout ce monde aurait pu se trouver sur le lieu de l'action et changer par sa présence une défaite en victoire.

Le lendemain, dimanche, après

avoir déjeuné chez mon hôtesse, je me rendis sur le quai pour y prendre le café avec un camarade.

Quelle ne fut pas ma surprise de voir le vaisseau sur rade. Rappelé des îles, il était arrivé de grand matin. Je rencontrai alors un officier du bord qui m'engagea à rentrer et me dit que la présence de tout l'équipage était nécessaire pour concourir à la formation d'un bataillon de marche.

Après avoir pris congé de mon camarade, je quittai Toulon et me dirigeai sur le vaisseau.

IV

Préparatifs de départ de l'équipage pour Paris

Arrivé à bord, j'appris avec plaisir que je devais partir. On était en train de procéder à la formation d'un bataillon qui devait se composer de huit compagnies établies sur le même pied que celles d'un régiment de ligne.

L'installation se fit assez promptement ; les capitaines procédaient fréquemment à l'appel de leurs hommes afin que ces derniers puissent bien connaître leurs chefs et leurs camarades de combat.

Nous reçûmes notre armement, (des chassepots) notre campement et deux paquets de cartouches par homme. Nos effets devant rester à bord, nous n'emportions que ceux strictement nécessaires pour entrer en campagne. Nos petits sacs (de forme ronde) devaient nous servir de hâvre-sacs. Chacun chercha, autant que possible, à équarrir le sien au moyen de petites planches placées à l'intérieur, mais il était quand même incommode et disgracieux.

Nous y fixâmes des bretelles en forte toile afin de l'assujettir sur nos épaules.

L'enthousiasme était indescriptible ; la musique jouait la Marseillaise en remplacement de la Reine Hortense, et les marins se massaient sur le pont pour accompagner le nouvel hymne national.

Nous étions toujours sur le qui-vive, attendant l'ordre de départ qui n'arrivait pas. Nous le reçûmes enfin après quatre grands jours d'ennui.

V

Arrestation d'un espion.

Ce même jour, le commandant, après avoir questionné un civil, en visite sur le vaisseau, le fit arrêter et remettre à terre à la disposition du préfet maritime, ses réponses lui ayant paru suspectes et son accent par trop germanique.

VI

Mise en route des marins.
Détails sur leur voyage et leur arrivée dans la capitale.

Nous partîmes le douze août, à cinq heures du soir, sur un bateau de la direction du port. L'équipage prit place sur le pont et dans l'entrepont. On embarqua pour deux jours de vivres destinés à notre nourriture en chemin de fer. Les officiers sur la passerelle, le commandant en chef et le commandant en second au centre, présidaient au départ.

Bientôt l'ordre de mise en route fut donné, le sifflet de la machine retentit joyeusement et nous cinglâmes vers le port militaire. La musique jouait nos airs nationaux.

En passant devant une frégate de guerre (Autrichienne) nous fûmes acclamés par l'équipage qui nous donna les marques du plus vif intérêt, (en souvenir de Sadowa, sans doute ?)

Etant entrés dans le port, nous mîmes pied à terre, et nous nous joignîmes à deux autres bataillons formés parmi les marins non embarqués.

Nous prîmes la tête de la colonne, et, toujours musique en tête, nous nous rendîmes à la gare où nous attendaient une foule de curieux, de parents et d'amis venus pour nous faire leurs adieux.

Après une station d'une heure dans la cour de la gare, les faisceaux furent rompus et nous montâmes en chemin de fer à dix heures du soir. Le train s'ébranla aussitôt après, et, fouette cocher, nous croyions rouler sur le chemin de la gloire, nous roulions seulement sur celui du devoir !

Chacun entama sa petite provision de vin, de pain et de saucisson et nous trinquâmes de bon cœur. Les chansons et les refrains patriotiques marchèrent longtemps de l'avant. Enfin le sommeil nous prit, les ronflements sonores succédèrent au tapage et nous fûmes réveillés le lendemain matin à Arles par le clairon qui appelait les fourriers à la distribution. C'est là que nous appréciâmes pour la première fois la générosité des habitants. Des dames de la ville nous distribuèrent des fruits, du pain et du vin , les vieillards et les enfants nous saluaient au passage et leurs gestes expressifs nous montraient combien ils portaient d'intérêt à la grande cause que nous allions défendre.

A Lyon, de nombreux buffets

étaient établis pour les troupes et la gare toute couverte d'inscriptions de reconnaissance.

On lisait : tel régiment aux Lyonnais reconnaissants ! Vive les Lyonnais ! Nous aurons la tête à Bismarck, etc, etc...

Partout, jusqu'à Paris, nous fûmes reçus de la même façon. Ce bon accueil des populations était surtout nécessaire aux militaires qui faisaient de longs trajets sans recevoir de l'intendance imprévoyante le prêt et les vivres qui leur étaient dûs.

Arrivé dans la capitale, notre bataillon fut placé en bataille près la gare de Ménilmontant. Nous y restâmes une heure, sans déposer nos sacs, attendant les ordres du ministère. Enfin un capitaine de frégate de la majorité nous les communiqua.

Nous devions, à notre grand regret, nous fractionner pour occuper les forts du Sud et de l'Est. Cette répartition était rationnelle en cela que chacun des forts désignés recevait une égale quantité de canonniers brévetés.

Des gardes de Paris, à cheval, se trouvaient là pour conduire chaque détachement.

La deuxième compagnie, dont je faisais partie, fut ainsi que la huitième, désignée pour le fort de Noisy-le-Sec. L'incompétence de notre guide nous fit faire le double du chemin nécessaire pour nous rendre à notre destination.

Nous longeâmes le chemin de ronde des murs d'enceinte et sortîmes par la porte de Bagnolet. En traversant ce village, une brave fruitière m'offrit une pêche que je trouvai excellente, la chaleur était accablante ; de plus, les wagons où l'on nous avait entassés comme des harengs ainsi que la longue course que nous avions à effectuer ne laissaient pas que de nous fatiguer.

Ayant quitté ce village, nous fûmes bientôt en présence du fort de Noisy. Quelques cahutes en bois servant de cabarets et de bazars militaires bordaient à peu près la route y conduisant.

Une vieille femme qui se trouvait sur le seuil de l'une d'elles, croyant que nous revenions de la guerre, me demanda en pleurant des nouvelles de son fils. Je fis de mon mieux pour dissiper ses alarmes.

VII

Le fort de Noisy-le-Sec.
Détails divers.

Il est temps de parler du fort de Noisy, de son importance militaire et de sa position stratégique. Construit à la Vauban, il possède quatre bastions; le front d'attaque est protégé par une forte fonte avancée et ses courtines de droite et de gauche sont flanquées d'ouvrages extérieurs. Ses feux se croisent avec ceux des forts de Romainville et de Rosny. Des redoutes intermédiaires servent à renforcer l'artillerie et à protéger l'infanterie. Ces redoutes sont à gauche Noisy, et à droite, Laboissière et Montreuil. Tous ces ouvrages, reliés par une route stratégique et situés sur des hauteurs, battent avec succès la plaine située à leurs pieds, ainsi que les villages de Bobigny, de Bondy et autres. Ceux de Romainville, Noisy et Rosny sont abrités par leurs feux. La forêt de Bondy borne ce vaste horizon.

La distance du fort de Noisy aux murs d'enceinte est d'environ trois kilomètres.

La cour intérieure présente une surface carrée d'environ cent mètres de côté. Deux grands bâtiments, situés à gauche et à droite en entrant, servent de logement, le premier à la troupe et le deuxième aux officiers. Une poudrière est placée à l'extrémité de chacun d'eux. Le fort est approvisionné d'eau au moyen de conduits souterrains qui, venant de Paris, desservent une citerne.

Nos sacs déposés et les faisceaux formés, le casernier nous pourvut de logements pendant que nos officiers s'entretenaient avec le commandant de place.

Le fort était déjà occupé par une quarantaine de soldats du génie.

De nombreux ouvriers, travaillant de six en six, exhaussaient les parapets des fortifications, construisaient sur les remparts des poudrières voutées, nivelaient les talus et faisaient tous les travaux de déblais et de remblais que nécessitait la défense.

L'entrepreneur les soldait toutes les semaines et donnait chaque soir des acomptes aux plus nécessiteux.

Nous recûmes le jour même de notre arrivée, treize août, une batterie d'artillerie de marine et un bataillon de marins provenant d'un des ports de l'Océan ; un autre arriva deux jours après.

Le quinze août, jour de la fête de l'empereur, passa inaperçu.

M. Massiou, capitaine de frégate, fut nommé commandant du fort de Noisy-le-Sec.

Cet officier distingué méritait bien le choix de ses supérieurs ; courageux, actif et dévoué, il était sévère dans son service et bon dans l'intimité.

VIII

Travaux de terrassement.

Son installation étant faite, les travaux prirent une nouvelle activité ;

les cuisines furent installées et le service des vivres réglé comme à bord d'un bâtiment. Les marins prirent part, sous l'habile direction de leurs chefs, aux travaux de terrassement, ainsi que les troupes de la marine et de la guerre et les corps francs placés sous les ordres immédiats de l'amiral Saisset.

Les officiers des équipages de la flotte obtenaient de ces soldats, formés d'éléments divers, un résultat très satisfaisant et les récompensaient en leur faisant distribuer des rations supplémentaires, composées d'aliments et de liquides, conformément aux règlements en usage dans la marine.

Des embrasures furent pratiquées, des plates-formes construites et les pièces qui se trouvaient en chantier furent placées sur leurs affûts.

Une haute paie de soixante centimes par jour, promise aux travailleurs, ne leur fut jamais payée. Ils reçurent tout au plus, après six semaines de travail, une faible rétribution d'environ trois francs. Cet argent ne fut pourtant pas perdu pour tout le monde.

IX

Panique au sujet de l'espionnage.

L'histoire des espions fut bientôt mise à l'ordre du jour ; on en cherchait partout où il n'y en avait pas et on n'en trouvait pas où il y en avait. Des ouvriers du fort qui, faute de logement, passaient la nuit dans les fossés des fortifications, étaient souvent arrêtés comme tels et relaxés presque aussitôt. C'était une procession à n'en plus finir.

Un soir un coup de feu fut tiré par le factionnaire de garde à l'un des bastions de front d'attaque. Cet homme prétendait avoir vu un individu dont les allures lui paraissaient suspectes et qui, au lieu de s'arrêter aux injonctions prescrites en pareil cas, avait fui dans une direction qu'il ne pouvait préciser.

De là grand émoi dans le fort, toutes les troupes prennent les armes, quelques marins les chargent même, descendent dans la cour, montent sur les remparts et se mettent à fouiller les hautes herbes des talus avec la pointe de leur bayonnette.

Le cri « aux armes » retentit partout. L'autorité dut même se mêler de cette affaire afin de calmer les esprits ; la générale fut battue, chacun dut se rendre à son poste de combat ; des patrouilles furent faites sur les remparts et dans Romainville.

Enfin on fit rompre après deux longues heures de faction ou de course au clocher.

On apprit le lendemain que c'était

un marin qui, ayant sa famille à Paris, avait donné lieu à cette méprise, en cherchant à s'esquiver. Après avoir chassé un pieu en terre il y avait fixé un fort cordage dont il s'était servi pour descendre dans les douves des fortifications.

X

Relations avec les populations suburbaines

Je fus à cette époque nommé chef de gamelle. Cette fonction consistait à tenir les comptes de la table des sous-officiers de ma compagnie et à leur procurer, au moyen d'une mise individuelle, quelque supplément à leur nourriture réglementaire. Cet emploi me facilita des sorties journalières au moyen d'une permission permanente. Je me trouvai dans la suite très heureux de pouvoir profiter de cette faveur qui me fit faire dans le pays des connaissances agréables.

Je me rappellerai toujours le boucher de Romainville, l'épicier, le grainetier et la bonne mère Fritz. Je ne pouvais faire un pas sans que l'on m'appelât de tous côtés. Tous ces braves gens, avides de renseignements, ne perdaient guère l'occasion de m'être agréables, ce qui m'est toujours un doux souvenir !

XI

Installation du commandant supérieur. Recettes d'approvisionnement.

Le commandement supérieur des forts de l'Est fut confié au contre-amiral Saisset (nommé quelque temps après vice-amiral) qui fixa son quartier général au fort de Noisy. Il s'adjoignit comme aides de camp MM. Clément et Escande, lieutenants de vaisseau.

Nous recevions chaque jour de nombreux convois de vivres, de poudres et de projectiles ; la cour était remplie de boucauts de farine, caisses à biscuits, barils de salaisons, conserves, vins, cafés, eaux de vie, etc. L'emmagasinement de tous ces produits nécessitait de nombreuses corvées.

Nous reçûmes également huit pièces de trente marine (se chargeant par la bouche) avec leurs affûts, lesquelles furent successivement mises en batterie.

XII

Placement de torpilles.
Continuation des travaux de défense

D'après l'ordre de l'amiral, des torpilles furent placées sur l'avant des forts ; on les recouvrait de grosses pierres sur lesquelles on formait un lit de terre végétale après les avoir mises préalablement en communication, au moyen d'un fil électrique, avec une pile établie à l'intérieur d'une chambre noire située dans un des angles bastionnés du front d'attaque.

Une d'elles servit d'expérimentation et l'effet produit fut saisissant ; le sol ambiant et six cents pierres de recouvrement furent projetés à trente mètres en hauteur, et, horizontalement, à cent quarante mètres en avant quarante sur chaque côté et à quinze mètres en arrière.

Les arbres placés dans la zone de défense furent abattus et mis en ligne sur les glacis des avancées ; leurs branches, épointillées, faisant face à l'extérieur. C'est ce qu'on appelle, en terme de fortification, faire des abattis.

Des trous de loup et des treillis en fil de fer furent également placés en avant des ouvrages de fortification afin de retarder la marche de l'ennemi dans le cas où il chercherait à tenter un assaut.

On dut faire des entailles aux affûts des canons de vingt quatre centimètres de la guerre. Les projectiles de ces pièces qui n'allaient qu'à deux mille huit cents mètres obtinrent, par suite de cette rectification, leur plus grand angle de projection, soit cinq mille mètres, et ce travail fut exécuté par la marine, malgré l'obstination du commandant de place, officier supérieur du génie, qui voulait que ces affuts restassent en l'état, conformément aux prescriptions d'un règlement suranné.

Des abris furent construits sur les remparts afin d'abriter les gens de quart. On plaça des guérites pour les factionnaires.

Je fus le cinq septembre témoin d'un imposant spectacle ; l'amiral nous fit former le cercle au milieu de la cour et, d'une voix émue, nous parla en ces termes :

DISCOURS DE L'AMIRAL SAISSET

« Mes amis,

« De nombreux désastres viennent
« de grossir les malheurs de la Fran-
« ce ; l'armée a capitulé à Sedan.

« L'empereur a été fait prisonnier.

« Mac-Mahon, blessé dans l'action,
« avait précédemment remis son
« commandement au général de
« Wimpfen, mon ancien compagnon
« d'armes de Crimée.

« Ces graves événements nécessi-
« tent de nouveaux sacrifices. L'a-
« mour du pays, la défense de nos
« foyers et l'honneur de nos mères et
« de nos sœurs l'exigent.

« Hélas, mes chers enfants, à mon
« âge, on a beaucoup plus de soucis
« des autres que de soi-même. Nous
« devons tout sacrifier, pour relever
« l'infortune de nos camarades. Sa-
« chez donc profiter des grands élé-
« ments de défense que Paris nous
« offre. Vos chefs vous montreront
« toujours l'exemple du devoir et de
« l'abnégation.

« C'est au cri de « Vive la France »
« que nous devrons dorénavant nous
« acquitter de la tâche que nos cons-
« ciences nous imposent. »

« Vive la France. »

Nous l'écoutions avec la plus profonde attention. L'écho répétait l'accent de sa voix claire et précise. Le souvenir de cette pénible scène ne s'effacera jamais de ma mémoire.

XIII

Ignorance des actes gouvernementaux.
Interdiction de la lecture des journaux.

Je dois faire remarquer que nous fûmes au moins quinze jours sans connaître officiellement l'existence du gouvernement du quatre septembre. Non seulement les proclamations et décrets imprimés, reçus dans le fort, ne nous furent pas communiqués, mais on y interdit même, pendant plusieurs jours, la vente des journaux. Cet état de choses cessa à la suite d'une visite que l'amiral fit au gouverneur de Paris et dont il revint très satisfait.

XIV

Évacuation sur Paris des populations de la banlieue. — Incendies prescrits par l'autorité militaire.

Les prussiens continuant à avancer sur la capitale, les habitants des campagnes résolurent d'émigrer sur Paris. Le mouvement commença par ceux des contrées les plus éloignées.

Les routes étaient encombrées de paysans, transportant au moyen de voitures attelées ou de camions, leur famille, leur mobilier et leur fourrage ; les bestiaux les suivaient. L'aspect des routes était vraiment triste. L'encombrement était tel que des temps d'arrêt se produisaient dans la marche ; on en profitait pour prendre les repas et pour donner aux chevaux et aux bestiaux leur nourriture.

La mère allaitait son enfant et le vieillard ou le malade recevait les soins de la famille.

L'inquiétude commençait à régner dans les villages les plus rapprochés et abrités par le feu des forts. Le tambour de ville annonçait dans chaque rue et dans chaque carrefour la marche de l'ennemi et donnait connaissance des dépêches émanant de la place de Paris.

Les ordres les plus contradictoires étaient parfois communiqués. On engageait la veille les habitants à se réfugier dans la capitale en emportant leur mobilier et le produit de leurs terres et on leur disait le lendemain qu'ils pouvaient rester dans leurs foyers. La plupart suivirent leurs devanciers et il ne resta guère dans chaque commune que le boucher, le boulanger, l'épicier ainsi que les cafetiers et les aubergistes.

Tous ces mouvements achevés, l'ordre fut donné d'incendier les villages qui pourraient servir à abriter l'ennemi ainsi que les récoltes et les fourrages qu'on ne pourrait emporter. La mine devait compléter cette œuvre de destruction.

L'exécution en fut confiée au génie auxiliaire de la garde nationale. Cette troupe, commandée par des ingénieurs et des employés des ponts et chaussées, était munie de torches, de boîtes à pétrole, de scies et de haches, en un mot de tout le matériel nécessaire à l'accomplissement de sa mission.

L'œuvre de destruction, commencée la nuit, fut signalée par une lueur sinistre qui se répandit rapidement dans le ciel. Nous montâmes sur les remparts pour voir ce spectacle. Les villages, les fermes détachées, les bois, les meules de paille, tout brûlait, hélas !

L'épaisseur de la nuit, le crépitement de la flamme, le craquement des bois, le bruit des murs qui s'écroulaient, tout frappait tristement notre esprit. Nous voyions la guerre dans toutes ses horreurs. La troupe précitée travailla sans relâche à l'accomplissement de son infernal travail qui dura au moins dix jours.

XV

Rentrée des troupes du général Vinoy. Continuation des dispositions de combat.

La rentrée du corps d'armée du général Vinoy, échappé miraculeusement au désastre des armées de l'Est, eut lieu à cette époque. L'effectif de ses troupes s'élevait, en y comprenant les débris de certains autres corps, à environ trente mille hommes. Nous vîmes cette armée défiler le matin sur trois routes différentes ; l'infanterie et l'artillerie suivaient la route d'Allemagne. Ces troupes rentrèrent presque toutes dans la capitale par la route de Pantin.

Les chemins de fer de l'Est et du Nord évacuaient également leur matériel sur Paris, après avoir préalablement chargé leurs wagons et leurs fourgons de marchandises de toutes sortes.

Les bruits multiples de la marche des trains et les sifflets prolongés des locomotives rentrant en gare jetaient dans la nuit une note d'impression dont il était difficile de se rendre compte.

L'ennemi se rapprochant de plus en plus, les dernières dispositions furent prises pour parer à toute éventualité. Notre avancée fut occupée par les marins ; l'infanterie de marine eut sa place dans les ouvrages de droite et de gauche ; l'infanterie de ligne occupa les redoutes et garnit de tirailleurs de nouvelles tranchées récemment achevées et destinées à relier entre eux ces divers ouvrages de défense. Les villages placés sous la protection des forts furent occupés par les francs tireurs des Lilas, par les éclaireurs de la Seine et par ceux des corps de Franchetti.

Le service fut réglé par bordée, comme à bord des bâtiments ; de cette façon la moitié de l'effectif était toujours sous les armes. Les factionnaires ne devaient plus crier « bon quart », mais de nombreuses rondes d'officiers et de sous-officiers s'assuraient de la bonne exécution du service et en rendaient compte.

XVI

Arrivée des troupes Allemandes.

Enfin les prussiens arrivèrent devant la place de Paris, le dix-sept septembre, vers dix heures du matin. Les colonnes d'investissement qui passèrent devant nous venaient du Nord-Est et se dirigeaient vers le Sud en suivant des chemins encaissés, situés entre Bondy et la forêt de ce nom, à environ quatre mille mètres du fort. A peine les distinguions-nous que nous voyions très bien leurs armes qui brillaient au soleil.

Muni d'une longue-vue marine, je les vis parfaitement. Ils marchaient en colonne, par section, tout comme s'ils allaient à l'exercice. Quelques pièces d'artillerie de campagne suivaient chaque régiment. Ils détachèrent vers deux heures une grand' garde dans Bondy qui plaça un poste dans une des maisons les plus rapprochées de nous (trois mille mètres.)

Ayant pris possession des hauteurs situées au delà de la forêt, ils établirent un poste d'observation sur une tour située au sommet de l'une d'elles et y placèrent leur pavillon.

Nous signalâmes leur passage au gouvernement militaire et demandâmes des ordres. Les canonniers à leurs pièces, joyeux de faire un tir d'une aussi bonne portée, se préparaient à commencer le feu.

Les ordres n'arrivèrent qu'à cinq heures du soir : le bastion numéro un tira alors cinq coups sur le village de Villemomble, situé au commencement de la forêt, et où une des colonnes d'attaque s'était arrêtée. Le bastion numéro deux tira un nombre égal de coups sur Bondy où le poste avancé dut se replier.

On pointa ensuite les pièces des deux bastions dans la direction des chemins précités. Ce tir, bien réglé, désorganisa la colonne ennemie qui dut se replier dans la forêt pour continuer sa route circulaire.

Après un temps d'arrêt, nous recommençâmes le soir notre feu sur Bondy. Les forts de Romainville et de Rosny se mirent de la partie et battirent les mêmes points. Chaque pièce tira cinq coups et nos mortiers, en totalité vingt coups. Nous étions sur les remparts regardant l'éclair qui précède chaque détonation et nous suivions d'un œil curieux la lumière de chaque bombe décrivant dans le ciel sa parabole.

Des coups sourds, venant du lointain, nous apprirent que la défense engageait un combat d'artillerie sur la presque totalité du pourtour de Paris.

XVII

Télégraphie maritime.

De nouveaux travaux furent bientôt entrepris. Un mât, confectionné par les charpentiers et gréé par les manœuvriers fut planté sur la plongée de la courtine d'entrée. Le pavillon national fut hissé au sommet et une drisse frappée à la corne pour recevoir les différents pavillons et trapèzes dont se sert la marine pour correspondre le jour, ainsi que des boules et des cônes en toile qour les signaux de grande distance. La nuit, une lanterne avec réflecteur présentait dans la direction où l'on voulait télérgaphier, des feux de plusieurs couleurs à durée longue ou brève.

L'interprétation de ces signaux se faisait au moyen d'un dictionnaire télégraphique où toutes les phrases usitées dans le langage maritime se trouvaient placées par numéros d'ordre. Il n'y avait donc qu'à se reporter au chiffre indiqué.

La lumière électrique fut aussi employée durant les nuits obscures afin de fouiller l'horizon et de vérifier l'importance des mouvements que l'ennemi pourrait tenter.

XVIII

Continuation des travaux.

Des fosses à rebord légèrement taluté furent pratiquées au centre des déclivités du sol des bastions afin de recevoir les bombes et d'empêcher l'écartement de leurs éclats ; des gabions et des sacs à terre furent destinés à exhausser, dans certains endroits, les parapets des fortifications, à renforcer les embrasures, les points faibles des casemates et à faire des abris pour les artilleurs.

Sur l'avis d'un lieutenant colonel du génie, on fit dans la cour des pare-éclats. Dans ce but on plaça sur deux rangs et sur plusieurs points, des tonneaux remplis de terre ; un troisième rang leur fut superposé. On creusa des fossés en avant et la terre déblayée servit à consolider ces épaulements.

Les troupes logées aux deuxième et troisième étages des bâtiments militaires durent déménager et prirent leurs casernements dans les casemates du front d'attaque et dans celles opposées.

Un service de veille, accompli par les timoniers, armés d'une longue-vue marine, fut établi dans le pavillon couronnant le bâtiment des officiers, afin d'interroger tous les points de l'horizon.

XIX

Première reconnaissance

Une forte reconnaissance sur Bondy fut décidée pour le vingt-trois septembre.

Le départ devait avoir lieu à onze heures du matin et le retour à cinq heures du soir. Chacun des forts placés sous le commandement de l'amiral fournissait une compagnie de marins. L'infanterie de marine donna quatre cents hommes : les éclaireurs de la Seine, un bataillon.

Le départ eut lieu à l'heure fixée Les tirailleurs se formèrent en avant du village et les ailes s'établirent de façon à former une ligne circulaire.

Une réserve importante se tenait prête à soutenir les points menacés

Bientôt une vive fusillade s'engagea de part et d'autre et continua sur toute la ligne jusqu'au moment de la rentrée qui s'effectua à l'heure prescrite. Nous eûmes quelques blessés.

Cette reconnaissance eut pour résultat de débusquer l'ennemi du Drancy et de le relancer jusqu'à 400 mètres de la gare du Bourget où notre poursuite s'arrêta.

XX

Exactions dans la banlieue
Dispositions disciplinaires prises par l'autorité militaire.

Les productions des jardins et des champs n'ayant pas été récoltées, excitèrent bientôt la convoitise de l'armée et des maraudeurs. Quelques paysans revenant pour les enlever ne les trouvèrent plus. Nos hommes de corvée à l'extérieur rapportaient des paniers de fruits dont nous profitions tous. Nous fîmes provision d'une grande quantité de pommes de terre, de choux, de navets, de carottes et d'oignons. Les maraudeurs en expédiaient de pleines charretées sur Paris.

Le gouvernement, ne pouvant empêcher ce gaspillage, autorisa des malheureux à continuer cette besogne, très périlleuse en face des tirailleurs ennemis, mais beaucoup de ceux qui reçurent cette autorisation en usèrent d'une façon lucrative en revendant leurs légumes avec un bénéfice exhorbitant.

Un très petit nombre d'entr'eux profita même de la liberté de circulation accordée pour fournir à l'ennemi les journaux de la capitale. Je tiens ce fait d'un caporal Wurtembergeois qui en avait collectionné de nombreux exemplaires.

Le pillage fut une suite naturelle du maraudage.

Sous prétexte que l'ennemi pouvait envahir les villages avoisinants des forts, militaires et civils s'y précipitèrent pour accomplir cette nouvelle œuvre de destruction.

Cette excuse était mauvaise en ce sens que ces campagnes se trouvaient garanties par nos feux croisants et par les soldats quis'y trouvaient cantonnés et que les paysans y revenaient journellement chercher ce qu'ils n'avaient pu emporter une première fois.

Dans le village de Noisy, par exemple, les portes et les fenêtres furent enfoncées, les caves visitées et les vins et liqueurs qu'elles contenaient, enlevés. L'ivresse de certains hommes était telle qu'ils étaient incapables de tout discernement.

On dénichait des bouteilles de toutes sortes qui avaient été enterrées sous différents plants dans les jardins. La première de ces trouvailles fut faite au presbytère.

Sur la place, une petite statue représentant une héroïne était travestie en gendarme ayant en tête le traditionnel tricorne et un sabre de bois à la main. Des francs-tireurs attablés se livraient aux plus joyeux ébats.

Dans une maison d'institutrice, un

marin jouait du piano avec des fers à repasser. Il est bien entendu que cet instrument ne rendait aucun son.

Plus loin un soldat ou un franc-tireur essayait une paire de souliers, un autre, une paire de sabots ; un troisième qui emportait un paquet d'effets criait : « V'la la défroque à M. le curé. »

Enfin un quatrième ayant cherché à pénétrer dans une cave en passant par un soupirail, n'avait réussi qu'à y engager une partie de son corps. Le propriétaire du lieu profita de l'occasion qui se présentait en lui administrant une correction méritée.

Les habitants qui désiraient sauver leurs provisions et leur mobilier étaient souvent obligés de transiger avec tout ce monde en leur abandonnant une partie des objets qu'ils venaient chercher.

Cet état de choses fut, du reste, de peu de durée. Des peines sévères furent édictées et les délinquants menacés de la promulgation de la loi martiale.

Notons que tous ces faits se passèrent en dehors du cercle d'action des officiers, occupés de la direction des travaux de défense et dont les rares moments de loisir étaient consacrés à la participation aux conférences militaires.

On décida que les troupes cantonnées logeraient dans les maisons non occupées. Les francs-tireurs furent les premiers logés.

Un jour que j'étais allé faire quelques achats à Romainville, un de leurs sous-officiers m'invita à dîner à la fortune du pot. J'acceptai sans façon. La table fut dressée dans la cour de la ferme où ils logeaient.

Nous mangeâmes un bon potage, un excellent bouilli, un plat de légumes et des fruits. Le café termina ce repas assaisonné par des vins de différents crus. Que de pauvres parisiens auraient désiré profiter d'une aussi bonne aubaine.

Tout était en désordre dans certains villages ; les murs des maisons et des jardins étaient noircis extérieurement et intérieurement par la fumée des cuisines ambulantes et les rues remplies d'immondices. Le parquet des appartements était recouvert de paille servant au couchage et de débris de toutes sortes (1).

La mère Fritz, navrée d'un tel spectacle, me disait souvent : « Ah ! mon cher ami, la guerre est un bien triste fléau. » Et elle avait raison car l'aspect du pays était bien changé depuis notre arrivée.

---

(1) Le maire de Romainville écrivait le vingt-sept décembre au vice-amiral, commandant en chef, au sujet des déprédations commises dans sa commune : « on y brûle, on y brise, on y vole tout ».

XXI

Combat du Bourget par les francs-tireurs de la presse. Prise de possession et évacuation.

Un événement militaire important eut lieu dans la nuit du vingt-sept au vingt-huit octobre. J'étais de quart au bastion. La nuit était sombre. Je m'étais placé au saillant d'un bastion, interrogeant l'horizon et écoutant les différents bruits.

J'étais souvent distrait de mes réflexions, soit par la vue du fanal d'une ronde, allant reconnaître les factionnaires isolés et les postes avancés, soit par le rayonnement de la lumière d'un appareil électrique. Les forts correspondaient entre eux.

Cette monotonie habituelle des nuits du siège fut interrompue, vers quatre heures du matin, par une vive fusillade qui s'engagea vers le Bourget, situé à gauche du fort et à une distance d'environ six kilomètres.

Le crépitement des mitrailleuses et le grondement du canon dominèrent bientôt les autres bruits du combat. La garnison du fort fut promptement sur pied, interrogeant l'horizon avec la plus grande anxiété, car on se perdait en conjectures sur les causes déterminantes de cette prise d'armes. Etait-elle le résultat d'une fausse alerte ou une action sérieuse avait-elle été engagée ? Ce combat dura trois longues heures sans interruption et continua par intermittences jusqu'au point du jour.

Nous apprîmes le lendemain qu'il avait été livré par les francs-tireurs de la presse, de formation récente, qui s'étaient emparés du Bourget après avoir mis hors de combat ou faits prisonniers une centaine d'hommes.

Cette prise de possession devait être de courte durée. Le lendemain, dimanche, les prussiens prirent position sur les hauteurs dominant le village à l'Est, mirent en batterie une trentaine de pièces de campagne et commencèrent un bombardement qui dura trois jours à la suite duquel le Bourget fut repris. La position n'était plus tenable pour nous, la garnison avait été, il est vrai, augmentée d'un bataillon de gardes nationaux, mais on eût dû appuyer la défense par une nombreuse artillerie. Deux de nos pièces, installées le troisième jour, furent forcées d'éteindre leur feu devant le tir convergent des pièces ennemies.

XXII

Continuation des reconnaissances.
Capture de soldats allemands.

L'amiral prescrivait souvent des

reconnaissances auxquelles participaient des détachements de toutes les troupes placées sous ses ordres.

Le but différait quelquefois ; il s'agissait de reconnaître l'ennemi, l'effectit de ses troupes et les travaux qu'il entreprenait, ou d'appuyer une escouade de charpentiers chargés d'abattre des massifs d'arbres gênant le tir. Le départ des troupes était toujours invariablement fixé à onze heures. La rentrée avait lieu à cinq heures. Les francs-tireurs, plus indépendants que nous, restaient souvent sur le terrain de l'action jusque bien avant dans la nuit et profitaient de tous les accidents de terrain pour tirailler et faire le plus de mal possible à l'ennemi.

Dans une de ces reconnaissances, les charpentiers, chargés d'abattre une quarantaine de peupliers situés sur la lisière de la forêt, ne purent accomplir leur mission. Ils furent obligés, ainsi que la troupe de soutien de s'embusquer pendant cinq heures derrière de gros arbres afin d'éviter le feu meurtrier de l'ennemi, solidement établi derrière des ouvrages de fortifications passagères.

Dans une autre reconnaissance, composée de quelques troupes et du quatre-vingt-quatorzième bataillon de la garde nationale, M. Massiou, commandant du fort, ayant été grièvement blessé aux deux jambes, dut être transporté à l'ambulance du ministère de la marine.

M. Trève, capitaine de frégate, le remplaça dans son commandement.

Le quatre vingt quatorzième bataillon s'acquitta glorieusement de la mission à lui confiée ; ses blessés furent évacués sur différentes ambulances, et lui-même, ayant terminé ses quatre jours de grand'garde aux environs de Bondy, rentra dans Paris où il reçut de la population l'accueil le plus chaleureux.

Quatre soldats de la garde royale prussienne, dont un appartenant au régiment de la reine Augusta, ayant été, à la suite d'un engagement, faits prisonniers par les francs-tireurs, furent placés en subsistance dans ma compagnie et dirigés le lendemain sur le dépôt à Paris.

Ces militaires, qui furent par nous convenablement traités, reprirent vite leur assurance habituelle, car, les ayant reçus morts de faim, nous dûmes d'abord goûter les aliments en leur présence afin qu'ils puissent prendre leur premier repas. Le commandant du fort leur fit distribuer des cigares.

XXIII

Description de la maison blanche.

Il est bon de parler ici de la fameuse maison blanche, tant citée dans les journaux de la capitale, et située sur la lisière de la forêt de Bondy, au bord de la route allant de ce village à Villemonble.

Un petit bois, situé à gauche, servait aux prussiens à cacher des pièces de campagne qu'ils pointaient sur nos reconnaissances. L'artillerie des forts les força à l'abandonner. Ils revinrent quelques jours après et le rasèrent.

La maison précitée, occupée par une de leurs grand'gardes, devint le point de mire de nos canonniers qui y causèrent souvent de grands ravages. L'ennemi la fit peindre plus tard en gris par des francs-tireurs faits prisonniers. Nous ne pûmes dès lors l'apercevoir qu'à la tombée du brouillard, très intense dans ces pays, voisins du confluent de la Seine et de la Marne.

XXIV

Installation d'une batterie mobile de grosses pièces marine.

Les reconnaissances cessèrent du quinze au vingt novembre. Des préparatifs furent alors faits en vue des grandes opérations militaires projetées.

Dans chacun des trois forts, on s'occupa à confectionner un charriot avec avant-train destiné à porter une pièce de trente marine *déjà fixée* sur son affût.

Grâce à l'activité des officiers chargés de ce travail et à l'intelligence des sous-officiers canonniers, manœuvriers et charpentiers, les difficultés d'installation, d'amarrages et de contre-poids furent aplanies.

La réunion de ces trois pièces forma une batterie mobile qui fut confiée à M. Lavison, lieutenant de vaisseau du Louis XIV.

Plusieurs officiers et un médecin-major lui furent adjoints, ainsi qu'un fort détachement de troupes, destiné à l'appuyer.

Des charriots supplémentaires et des voitures, ainsi que des rouliers avec leurs chevaux, furent mis en réquisition pour le service de ces pièces et le transport de leurs projectiles.

Cette batterie partit pour La Tannerie, où elle s'établit d'abord à l'abri de nos forts ; puis elle manœuvra dans toute la contrée où son chef choisit les meilleurs emplacements afin de favoriser le pointage de ses pièces et la réussite de son tir. Nous gagions ainsi une moyenne de trois mille mètres de profondeur dans les lignes prussiennes.

Ses mouvements furent aussi rapides que ceux de l'artillerie la plus légère.

On forma également des escouades de brancardiers et de tenaillers. Ces derniers étaient chargés de la coupe des fils de fer et des branchages qui auraient pu arrêter la marche de nos soldats.

XXV

Armement du plateau d'Avron.
Son aspect militaire. Son évacuation.

L'armement du plateau d'Avron fut également décidé. Le train des équipages et les marins y montèrent des pièces de tout calibre, de la guerre et de la marine, qui furent mises en batterie sur la face d'attaque. Le matériel de roulage fut à nouveau requisitionné dans les pays avoisinants pour le transport des projectiles et des munitions de guerre et de bouche.

Les troupes abondaient venant de toutes parts ; des adjudications furent passées pour leur approvisionnement.

L'aspect du plateau était imposant ; la vue des tentes, des armes en faisceau, des cuisines ambulantes et des nombreux postes militaires frappaient l'imagination des rares visiteurs. Les mobiles concouraient avec entrain à l'accomplissement de leur devoir.

Les batteries installées purent, pendant trois jours, empêcher différentes jonctions tentées par l'ennemi et cessèrent leur feu, devant la supériorité du nombre, lorsqu'elles entrèrent en lutte avec la grosse artillerie de siège établie pour le bombardement.

L'évacuation du plateau eut lieu nuitamment. Toute notre artillerie fut sauvée après des efforts inouïs, accomplis principalement par les marins, obligés de venir en aide aux attelages impuissants, embourbés dans des chemins détrempés par la fonte des neiges.

Les prussiens n'osèrent occuper ce plateau qu'après l'armistice.

XXVI

Démonstration dans l'Est conduite par le général Ducrot. — Son avortement.

Le général Ducrot fit, quelques jours après les grandes batailles sous Paris, une démonstration militaire afin de percer les lignes d'investissement.

Le Bourget, repris une deuxième fois, ne put être conservé malgré la défense héroïque de nos marins qui eurent 254 hommes mis hors de combat.

Cet échec empêcha le général Ducrot de prononcer davantage son mouvement.

La froidure du temps obligea ses troupes, campées dans la neige, à faire la nuit de nombreux feux de bivouacs dont la multiplicité étonnait les yeux.

Plusieurs bataillons de gardes nationaux furent également désignés pour suivre une route circulaire, afin d'établir un passage sans fin sur un point visible de l'ennemi, situé sur la route stratégique, entre le fort de Noisy et le village de Romainville, où les bonnes d'auberge, les bras nus trempaient dans d'énormes cuves placées devant elles, les bidons des gardes nationaux et les leur remettaient ensuite contre l'échange d'une **pièce** d'un franc.

XXVII

Installation au fort de Noisy-le-Sec d'une pièce de fort calibre.

Une pièce de dix-neuf centimètres marine, se chargeant par la culasse, fut mise en batterie sur la courtine du front d'attaque du fort de Noisy.

Le poids de cette pièce était de sept mille huit cent quatre-vingt-trois kilogrammes et celui de l'obus, qu'elle lançait à près de huit mille mètres, de cinquante-trois kilogrammes.

Sa mise en batterie présenta de grandes difficultés. Les chevaux qui l'avaient amenée de Paris, étant harassés de fatigue, tiraient sans ensemble.

On dut la dételer et les marins, avec leur entrain habituel, se chargèrent de ce difficile travail. Leur courage et l'ensemble de leur manœuvre furent tels que cette pièce fut mise en batterie en très peu de temps.

Son service fut de très courte durée car sa bouche éclata deux jours après sans qu'aucun autre accident en soit résulté.

Ceci peut arriver par un temps de forte gelée, si l'on n'a pas soin de chauffer la pièce avant de s'en servir.

DEUXIÈME PARTIE

I.

Evénements postérieurs à la capitulation.— Souvenirs rétrospectifs. — Rigueur de l'hiver.

Comme il n'entre pas dans mon programme de parler des grandes opérations qui furent infructueusement tentées par l'armée de Paris et qui se passèrent toutes dans un pérymètre éloigné des forts de l'Est, je me trouve donc amené à parler de la capitulation et du temps qui s'écoula depuis ce jour néfaste jusqu'à celui de notre retour dans nos ports respectifs. Mais avant d'entamer ce nouveau récit, jetons un coup d'œil rétrospectif sur les événements passés et sur divers incidents du siège.

Les derniers mois, et particulièrement les derniers jours, avaient été très froids ; la neige recouvrait la terre d'une couche épaisse et les malheureux soldats et mobiles qui n'avaient pas eu l'heureuse chance d'être logés dans les casemates des forts ou dans de solides bâtisses étaient particulièrement à plaindre, leur campement ne leur fournissant qu'un abri insuffisant contre l'intempérie d'un hiver très rigoureux.

II

Rôle brillant des sociétés de bienfaisance.

Toutes les nuits, des voitures contenant des liqueurs et des bouillons chauds, circulaient sur les routes stratégiques et leurs conducteurs, délégués par les nombreuses sociétés de bienfaisance de la capitale, distribuaient aux défenseurs de bons cordiaux pour réchauffer leurs menmbres refroidis. Des vêtements de laine et des chaussures furent également distribués par les soins de ces mêmes sociétés sans lesquelles les troupes n'auraient pu subsister.

III

Episodes au sujet du bombardement et de l'armistice.

Le bombardement, tant de fois annoncé et si souvent retardé, était venu augmenter encore la dose de misères et de périls de nos valeureux soldats. La mort continuait à moissonner les enfants de la France décimés, chaque jour et à chaque instant, par le fer et par la maladie.

Le fort de Noisy fut le premier bombardé et il fut constaté par l'amiral Saisset qu'un projectile allemand, lancé de six mille cent mètres, avait eu assez de force pour faire en terre un trou de quatre mètres trente centimètres de pénétration.

Etant allé porter une lettre confidentielle à mon capitaine, au moulin de Montreuil, je fus obligé de passer par des petits chemins situés dans le champ de tir de l'ennemi.

Des pans de murs, récrépis à la chaux et destinés à supporter des pêchers étaient, sur ma route, projetés les uns contre les autres, sur des surfaces de dix mètres de longueur, et, de cet amoncellement de ruines, se dégageaient d'épais nuages de poussière et de fumée.

Des veilleurs, placés sur des éminences abritées, cornaient à chaque éclair précédant l'arrivée des projectiles envoyés.

La nourriture commençait à diminuer dans des proportions peu rassurantes et bien que les troupes ne fussent pas autant rationnées que la population civile, il était temps que cet état de choses cessât bientôt.

Enfin l'armistice étant signé, les chefs de service en permanence en dehors de l'enceinte fortifiée en furent officiellement informés.

Un fait curieux se produisit à ce sujet au fort de Noisy.

L'armistice commençait à minuit. Or, à cette heure, un second maître canonnier, nommé Duval, chargé de l'artillerie de l'avancée du front d'attaque du dit fort, fit envoyer les quatre coups des pièces par lui pointées dans la journée, *en l'absence d'aucun contre ordre* de ses chefs qui lui avaient prescrit d'exécuter ce tir à minuit précis.

Duval fut mis au secret, ses chefs parlaient même de la traduire en cour martiale ; on l'aurait volontiers sacrifié afin de masquer cette faute, ce qui n'était nullement rassurant pour ce malheureux second maître qui avait déjà vu ce tribunal, institué au fort, juger sommairement un soldat accusé d'espionnage et le faire fusiller ensuite.

Enfin, l'ennemi ne s'étant pas plaint ou l'autorité militaire ayant arrangé cette affaire, Duval fut relaxé, et, pour l'indemniser des tortures morales qu'il avait subies, on lui conféra la médaille militaire.

IV

Rentrée dans Paris. — Installation à l'école militaire. — Déprédation au casernement.

L'ordre d'évacuer les forts pour se

rabattre sur Paris ayant été donné, nous fûmes donc obligés de quitter notre lieu d'action, laissant à l'ennemi nos fusils et notre matériel de guerre.

Les hommes de ma compagnie laissèrent aussi dans les casamates plusieurs objets de luxe provenant des enlèvements faits dans les villages par nos devanciers ; mon capitaine voulait qu'ils soient exposés pour être réclamés par leurs propriétaires. Les prussiens en héritèrent. Nous sortîmes du fort de Noisy et nous dirigeâmes sur la capitale par compagnies isolées. Notre aspect devait être triste, car, désarmés, nous ressemblions à un corps sans âme.

L'enseigne de vaisseau de Percin nous offrit des cigares afin de nous donner une contenance.

Les parisiens nous saluaient au passage.

Eux aussi avaient bien changé ;

les grandes privations avaient imprimé sur leurs visages un cachet indéniable de tristesse et de douleur. Paris avait perdu sa belle physionomie et son aspect était navrant.

Après l'avoir traversé en suivant le cours de la Seine nous nous dirigeâmes sur l'école militaire. D'autres détachements furent envoyés à la caserne de la Pépinière.

Qui n'a vu l'école militaire a pu admirer dans les journaux illustrés la façade de ce bel édifice. Des troupes de toutes armes y étaient déjà installées quand nous arrivâmes.

Nous y trouvâmes notre casernement dans le plus piteux état, nos devanciers y ayant commis les déprédations les plus regrettables. Les fenêtres étaient démunies de leurs carreaux et le matériel militaire presque anéanti.

Planches à pain, planches à bagages, râteliers d'armes, paravents, enfin tout ce qui constitue le matériel fixe d'une caserne avait été en partie arraché pour être brûlé ; la literie, les tables et les bancs étaient d'une saleté repoussante et des ordures, entassées dans chaque coin, complétaient cet écœurant tableau, témoignage évident de l'indiscipline qui se manifestait chaque jour avec plus d'intensité.

Dans les cours, les pavés déchaussés et les murs noircis par la fumée des cuisines ambulantes fournissaient aussi un témoignage accusateur de l'incurie d'une administration qui aurait dû prévoir les besoins des troupes casernées et, par suite, amoindrir et même empêcher tous ces sacrilèges.

Le soldat et le marin riaient de toutes ces choses.

V.

Détournements effectués lors de la rentrée dans Paris.

Lors de notre rentrée dans Paris, les charretiers de la banlieue furent requisitionnés pour le transport des vivres et de l'habillement. Bien que leurs voitures fussent en partie escortées, plusieurs furent détournées de leur destination et leur chargement vendu au profit de quelques habitants aussi peu scrupuleux que les conducteurs qui se prêtèrent à ce honteux trafic.

VI.

Excursion dans les pays occupés par les troupes allemandes.

M'étant procuré un laisser passer, établi au nom d'un roulier, j'endossai un costume *ad hoc* et me rendis à Romainville afin de juger de visu les troupes allemandes et leur façon d'être dans les contrées occupées.

Je traversai d'abord le cordon des troupes françaises établi à l'extrémité des Lilas.

A deux cents mètres plus loin, presqu'à l'entrée de Romainville, je trouvai celui des troupes allemandes que je pus franchir après m'être préalablement adressé à l'officier de service qui me fit remarquer en souriant que j'avais les mains trop blanches pour être un roulier.

Je fus bientôt dans le village où je revis mes anciens amis qui subissaient avec résignation la présence des troupes d'occupation dont la morgue était heureusement tempérée par une discipline de fer et les appétits satisfaits par de fortes requisitions leur procurant abondamment les choses nécessaires à la vie.

Quelques soldats y étaient connus pour avoir exercé différents métiers avant la guerre.

Chez la mère Fritz, un prussien, âgé d'une quarantaine d'années, appartenant au landsturm, pleurait au sujet d'une lettre reçue lui annonçant les mauvaises affaires de sa maison de commerce, située à Berlin. Dans une auberge, un médecin saxon, attablé, consultait un jeune enfant, atteint du la coqueluche et que sa mère portait dans ses bras. Il remit à cette pauvre femme une ordonnance qui, je crois, lui permettait d'avoir quelques médicaments à son ambulance régimentaire.

D'autres militaires buvaient de la bière et du schnaps.

Un vieillard chantait la Marseillaise en s'accompagnant d'un accordéon. Sa petite fille chantait également et quêtait. Je fis comme les consommateurs et donnai deux sous.

Je fus alors surpris d'entendre ce même vieillard chanter en allemand avec un accent me paraissant correct un chant de guerre ; sans doute le « Wacht am Rhim » ou « Lieb Waterland », (chère patrie), ce qui m'indisposa à son sujet.

Après une courte excursion dans le pays, je quittai Romainville et rentrai à Paris.

VII

Revue de l'amiral de la Roncière Le Noury.
Eloge de la gendarmerie.

L'amiral de la Roncière Le Noury nous passa en revue dans la grande cour de l'école militaire. Nous étions huit mille marins et, bien que désarmés, l'aspect général présentait une masse d'hommes aguerris dont le caractère militaire était révélé par la bonne tenue et par la physionomie.

Notre bonnet de travail et la capote de soldat dont on nous avait affublés formaient un contraste d'un heureux effet.

Je ne puis passer sous silence la tenue irréprochable des gendarmes qui, malgré leur contact avec des troupes souvent indisciplinées, surent conserver une discipline de fer et le respect absolu du commandement.

Leur parade de onze heures, dans la cour de l'école militaire, était aussi brillante qu'aux jours d'allégresse et les spectateurs ravis émettaient à leur égard des éloges aussi sincères que mérités.

Les absences illégales se multipliaient à l'infini ; chaque homme cherchant à gagner quelqu'argent pour satisfaire des désirs d'amusement qui se produisent inévitablement dans une grande ville; les spectacles de toutes sortes rouvraient leurs portes à une jeunesse dorée qui reprenait ses habitudes de plaisir.

VIII.

Renvoi des marins dans leurs ports respectifs.

Pour nous rappeler au devoir et à la discipline, le ministre nous renvoya dans nos ports d'attache ; notre mission étant du reste terminée.

Je rejoignis isolément Toulon.

Cette route avait été par moi bien des fois suivie ; elle est fort jolie et l'on ne peut cesser d'admirer ces côteaux verdoyants et ces villes et bourgades, toutes plus opulentes les unes que les autres.

Mais, cette fois, ma vue était péniblement affligée de la présence de l'étranger qui, lui aussi, n'avait pas toujours respecté les localités qu'il occupait.

Enfin, j'arrivai à Toulon et, ici, je dois clore mon récit que je crois avoir fait sincèrement.

Dieu veuille que d'ici longtemps, et si la fantaisie me reprenait d'écrire, j'aie au moins à traiter d'événements plus heureux.

FIN

Caen. — Imp. H. Delesques.

www.ingramcontent.com/pod-product-compliance
Lightning Source LLC
LaVergne TN
LVHW052107090426
835512LV00035B/1314